SUITE A MES TABLEAUX POUR LE CORPS LÉGISLATIF

MON JOURNAL

RECUEIL DE THÈMES ÉCONOMIQUES

PAR

E.-J.-F. PROUX

BORDEAUX

IMPRIMERIE J. DURAND

Rue Vital-Carles, 24

PRÉFACE

Sous la forme d'un recueil, je compte fournir, par fascicules successifs, dans le courant de l'année, un fort volume de plus de 300 pages où les questions confuses de l'économie politique seront toutes abordées pour en dégager l'équivoque ou l'erreur et y substituer des définitions rationnelles, indépendantes de tout esprit de parti.

Mes amis et lecteurs habituels qui voudront m'aider à continuer la publication de travaux utiles, à bien des points de vue, y trouveront des commentaires nouveaux sur quantité de questions économiques fort embrouillées, fort obscures, de la science économique contenue dans les meilleurs ouvrages connus dont les prétendues règles sont la fausse monnaie courante de nos politiques et du public non prévenu.

En me facilitant cette œuvre, ils contribueront, non-seulement à faire rejeter des sophismes nuisibles, mais à projeter des vérités nouvelles, bonnes à répandre, qu'ils auront l'avantage de pouvoir joindre les premiers à leurs autres connaissances utiles à eux-mêmes et à tous.

Le temps est plus que jamais à la nécessité de nous éclairer par nous-mêmes; — il est superflu d'en dire le *pourquoi*. — Prêtons-nous un appui efficace; il y a urgence, plus qu'on ne le croit.

Le journal *la Presse*, à propos d'une grande question

que je n'abandonne pas, que je vais placer résolûment en face du gouvernement, pour laquelle je n'ai pas encore rencontré de contradicteur, ni assez solide ni assez hardi pour me combattre, me désigne sous le nom d'économiste volontaire.

Oui, je suis volontaire, comme je l'ai été dans d'autres circonstances, où marchant à la tête de quelques braves nous aurions pu avoir la victoire tant attendue sous Paris ; mais là, le gros de l'armée ne marchait pas parce qu'on le retenait en lisière. Il en est de même aujourd'hui. Contre d'impudents ennemis de la vérité et de la justice, pour que la grande armée agisse d'elle seule avec vigueur il suffit qu'on l'éclaire. A moi ! les francs tireurs de la science politique ! A moi ! les vrais amis du Progrès ! Je connais le chemin que vous cherchez ; puissiez-vous vouloir suivre dans cette carrière une trace que nul n'effacera ! et qui, en dépit de tous les obstacles, vous conduit à des succès inespérés !

Le 10 avril 1882.

E.-J.-F. PROUX.

MON JOURNAL

RECUEIL DE THÈMES ÉCONOMIQUES

LIBERTÉ DE L'INTÉRÊT (1).

I

Dès qu'on accepte le principe de la liberté du travail, on doit accepter le principe identique de la liberté de l'intérêt.

Qui dit travail dit produit. « L'argent est la » représentation d'une somme de travail. » Malgré que les définitions du capital ne soient pas encore parfaitement nettes, la valeur de l'argent est admise comme représentation du travail et du capital qui dérive du travail.

Donc, le travail libre suppose l'argent libre, l'intérêt libre.

« Le taux de l'intérêt, dit un auteur adversaire » résolu de l'usure, se trouve être la moyenne de » la rémunération du travail de la vie entière d'un » homme » (2).

---

(1) A propos de la proposition de M. Truelle, député.
(2) *De l'Usure.* Marin-Darbel, 1859. Guillaumin et Cᵉ, Paris. Cette citation sera plus amplement commentée ultérieurement. Elle reviendra dans le cadre d'une autre étude.

1

Or, une moyenne suppose un minimum et un maximum. Si l'on arrête une moyenne pour en fixer un taux légal, le minimum et le maximum disparaissent, la moyenne n'est plus qu'un nombre arbitraire et une fiction.

Mais toute moyenne est essentiellement variable, donc l'intérêt moyen peut varier.

Cependant, tout en reconnaissant la variabilité de l'intérêt, la plupart des partisans de l'intérêt variable et même élevé protestent contre l'usure.

En ce cas, il faut leur demander où commence l'usure? où finit l'intérêt?

L'intérêt, même élevé, se justifie parce qu'il résulte d'une association tacite du capital de l'emprunteur avec celui du prêteur.

L'usure, c'est la spéculation sur la détresse; de là son caractère d'immoralité. Il y a dans l'usure une attribution choquante d'un bénéfice dépassant la *force* du capital; or, cette force est inconnue, et cette distinction entre l'intérêt et l'usure est positivement trop vague.

Ne pouvant condamner l'usure par le fait positif, on la condamne par la morale. C'est par un préjugé philosophique, religieux ou civil, que l'usure est proscrite et punie.

La question est pourtant de savoir si l'argent et le travail lui-même ne doivent se louer qu'à un taux déterminé, dit *légal*, ou si l'un et l'autre sont libres de traiter à leur gré du rapport de la valeur qui existe entre eux. Résolue affirmativement dans le sens libéral pour le travail, implicitement il ne peut en être autrement pour l'argent.

Si chacun a le droit de disposer de son capital, de le louer comme il l'entend, avec cette liberté de privilège naturel, on se demande ce que signifie l'intérêt *légal?*

Par intérêt légal, on peut admettre que, dans le cas où l'intérêt n'ait pas été fixé d'avance, la loi agisse comme arbitre raisonnable en fixant elle-même le taux qui doit être compté au prêteur; mais la loi qui interdit la location de l'argent à un taux usuraire n'a pas de raison d'être. La loi veut envisager les conditions particulières des avances; quelle compétence a-t-elle pour juger de la valeur du prêt? Aucune.

Le frein de l'intérêt est dans cette situation : *que ceux qui ont de l'argent n'en empruntent qu'à des conditions avantageuses, et qu'au besoin ils en prêtent eux-mêmes à un meilleur marché.* C'est l'argument des banques. On voit là un tempérament de modération du taux de l'intérêt.

Mais ceux qui n'ont pas d'argent veulent en avoir. Il paraît juste qu'ils paient le taux qu'ils ont librement consenti.

Hors le cas d'absence de convention du taux, à quoi sert la fixation d'un intérêt légal?

Quand l'argent trouve un prix rémunérateur, les capitalistes laissent leur argent en banque; quand ils ne trouvent plus cet intérêt, ils retirent leur argent. Il n'y a pas de mesures législatives qui puissent aller à l'encontre de ces volontés.

Liberté du travail et liberté de l'argent : c'est un même principe.

Tout homme qui trouve une avance d'argent ou de travail doit payer le prix convenu ; si la clause est onéreuse, il est libre d'y renoncer en renonçant à l'avance.

Tout homme a le droit de prétendre à un bénéfice aussi élevé que possible. Bentham avait raison de dire : « A quel taux que ce soit, un homme qui » prête rend service. » Nul ne peut mieux apprécier le service que celui qui le reçoit.

Certainement, si celui qui prête abuse, par des artifices, de la condition dispendieuse du prêt pour la rendre encore plus onéreuse, c'est un homme immoral, c'est un exploiteur.

Mais c'est à l'emprunteur à se soustraire aux conditions léonines de l'usure. La loi peut-elle prémunir l'emprunteur contre des nécessités qu'il est lui-même impuissant à éviter ? qu'il est seul capable d'apprécier ? Le prêteur ne peut rien sans son consentement, que l'emprunteur se défende lui-même.

Entre la liberté de l'intérêt et l'interdiction de l'usure il y a une antinomie réelle.

Après Turgot, l'école économique de nos jours a nié l'usure. On lui reproche de n'être pas conséquente, attendu qu'aucun économiste niant l'usure ne voudrait s'accommoder de l'épithète d'usurier. Cela ne détruit rien des arguments positifs.

Il est certain que ceux qui font métier d'usure ne sont guère généreux par nature, qu'ils ne cèdent qu'à un sentiment de cupidité sordide, qu'ils pressurent leurs clients. L'usure est sœur de l'égoïsme.

Et le marchand qui prélève sur ses produits plus qu'un gain raisonnable, est-il moins égoïste, est-il plus honnête que l'usurier ?

Le marchand a des concurrents, l'usurier n'en a pas, dit-on. Quoi ! quand il y a des gens qui prêtent à 100 p. 100 et d'autres seulement à 5 p. 100, vous dites qu'il n'y a pas de concurrence ?

Rétablissons la vérité. Quand il y a des gens qui prêtent à 100 p. 100, c'est qu'il y a des gens qui ne veulent pas prêter du tout. Or, le service rendu est à 100 p. 100 de la somme avancée ; et si vous ne voulez pas de cette condition, allez chez ceux qui ne prêtent qu'à 5 p. 100. Telle est l'excuse de l'usurier. Il faut convenir qu'il n'a pas tout à fait tort.

Il y a cependant dans l'esprit public une réelle répugnance pour ce qui a le caractère de l'usure. C'est une question de considération honorable qu'on refuse à l'usurier. La loi ne peut rien y ajouter ; et si elle porte la main sur l'intérêt, elle détruit la plus forte des lois naturelles, celle de la liberté de l'échange, c'est-à-dire des conventions.

Là est le péril d'une loi restrictive de l'intérêt. M. Humbert, Garde des Sceaux, a raison de pencher, avec M. Truelle, pour la liberté.

E.-J.-F. PROUX.

Bx, le 8 mars 1882.

LIBERTÉ DE L'INTÉRÊT.

II

La Chambre allait voter la proposition de M. Truelle. Au dernier moment, la Chambre a déraillé. C'est un député girondin, un Bordelais, qui a entraîné ce déraillement.

M. Laroze est un homme versé dans les affaires. Je suppose qu'on entendait les affaires avant lui et qu'il n'est pas le seul à les comprendre.

M. Laroze a fait prononcer la Chambre contre la liberté de l'intérêt, c'est-à-dire contre la liberté de l'argent. M. Laroze et la Chambre, elle-même, savent-ils bien ce que c'est que l'argent monnayé?

Voilà une question importante dans l'économie politique. La présence de M. Frédéric Passy à la même tribune où a triomphé contre lui M. Laroze, suffit à indiquer le caractère de la question. Non pas que M. Passy sache mieux qu'un autre ce que c'est que l'argent, mais s'il y a un économiste sérieux en France, c'est assurément M. Passy, qui est favorable à la liberté; — en quoi il a raison, par intuition.

Cette question de la liberté de l'argent est de la plus haute gravité. J'estime qu'en somme, pour se déclarer nettement et résolûment *pour* ou *contre* sur la question de l'intérêt, il faut être absolument fixé : 1° sur l'origine de l'argent monnayé; implicitement, sur les causes précises déterminant son émission; 2° sur la signification exacte des mots *valeur* et *prix*, dont l'éternelle confusion synonymique a dérouté les savants au milieu de leurs débats.

Je prétends que tant que nous n'aurons pas une notion précise, inébranlable, de ce que c'est que le capital, nul n'a le droit ni l'autorité de mettre une entrave à un facteur aussi considérable que l'argent, de lui mettre la bride sur le cou et de vouloir le conduire légalement.

En ce qui regarde l'argent, je demande si jamais il est advenu à la Chambre de décréter l'émission initiale de l'argent; si c'est par ses effets souverains que l'argent croît ou décroît; si ce n'est pas une chose absolument en dehors de son pouvoir, comme il est absolument hors de sa puissance de décréter que les gens travailleront, bâtiront, démoliront, achèteront et vendront, feront pièces de tout et suivant des modes déterminés par elle, la Chambre savante qui voit tout, qui sait tout, heureusement pour nous qui ne savons rien, ainsi que le croient M. Gatineau et, avec lui, M. Foucher de Careil, du Sénat, qui, je le sais, a cette excellente opinion de notre intelligence.

La Chambre vient de donner un exemple d'une de ces contradictions qui restent dans l'histoire comme une preuve de l'insuffisance du savoir des hommes publics.

Tant pis! si la science économique est si en retard qu'elle occasionne leur défaut d'entendement des premiers rudiments de notre organisme industriel, commerçant, agricole, mercantile.

Les distinctions subtiles qui viennent d'être faites entre le prêt *commercial* et le prêt *civil*, c'est-à-dire entre les prétendues formes de crédit, sont au moins singulières. Où voit-on deux crédits? Le crédit est un, il est typique. Qu'on y ait recours par voie d'hypothèque, de warrant, de promesse quelconque, c'est toujours le crédit.

Qui emprunte un objet s'engage à le rendre sous certaines conditions libres, seulement appréciables par les contractants.

Qui emprunte de l'argent doit de l'argent. Y a-t-il un *argent civil et un argent commercial?*

Où voit-on une distinction?

Si des particuliers avaient le privilège légal de se procurer de l'argent à 5 p. 100, tandis que d'autres ne pourraient en trouver qu'à 10 ou 15 p. 100, ce serait une injustice.

Quelle excuse trouverait-on pour un tel régime de faveur?

Ne voyez-vous pas que cette excuse est précisément dans la liberté du prêt et de l'intérêt? D'où disparaît l'injustice.

Si vous distinguez entre le prêt *civil* et le prêt *commercial*, dites-moi si celui qui emprunte civilement ne se servira pas de cet argent commercialement?

Répondez à cette question, grands moralistes!

Par l'effet de cette prétendue protection en faveur

des emprunteurs *civils* tout l'argent va-t-il se tourner vers eux? Belle fiction! Si l'argent trouve, par une loi bâtarde, un placement libre dans le commerce, attendez que son flux vienne vers les emprunteurs civils, nous verrons si cela leur coûtera 5 ou 10 p. 100 et quelles seront les longueurs de l'attente.

Il est curieux de voir la Chambre scinder une telle question. Mais si vous prétendez protéger les uns, pourquoi allez-vous laisser immoler les autres?

Le commerce n'a donc pas droit à vos tendresses.

— « Dans le commerce, on est intelligent ; à la » campagne, on est ignorant. »

Ignorants! les paysans, en matière d'argent?

M. Gatineau s'est laissé dominer par le sentiment. C'est un très brave député, fort sagace d'ordinaire ; mais ici, qu'il me permette de le lui dire, il a pris l'ombre pour le corps de la question.

S'il a cru être utile à l'agriculture en empêchant l'argent de se prêter à la campagne à plus de 5 p. 100, c'est un beau rêve. La morale en fait ainsi.

Je comprends l'interdiction, par l'Église, de l'intérêt élevé. L'Église ne prescrit-elle pas la renonciation à tous les biens! C'est au moins dans ses principes. Elle prescrirait plutôt de donner son argent que d'autoriser à le vendre, toujours en raison de ses principes. Mais, dans la pratique, l'Église, pas plus que nos législateurs civils, ne nous a pas encore donné sa mesure de l'intérêt.

Eh bien! qu'on nous la donne cette mesure, ou

nous avons la prétention d'affirmer que vous êtes dans le galimatias.

Je vous demande un peu si un paysan qui n'a pas besoin d'argent ira en emprunter à 15, à 10 ou même à 5 p. 100, même à 3 p. 100? Si cet homme a besoin d'argent, laissez-le libre d'en trouver; laissez libre celui qui peut lui en prêter.

Si l'on n'avait pas aujourd'hui quantité de moyens de placer son argent, comprendrait-on qu'on en fixât l'emploi à un taux déterminé dans les lieux où il se trouverait?

Ainsi, on dirait à un homme : « Tu as beaucoup » gagné d'argent; nous n'en avons pas. Si tu veux » te servir de cet argent, tu ne pourras en tirer » que tel revenu. »

Vous assigneriez donc des limites à la circulation de l'argent, et, partant, vous limiteriez le droit de propriété?

Qui donc appelez-vous communards? Avec de tels raisonnements, vous l'êtes pas mal comme cela.

Je voudrais qu'on dise si l'argent est chose matérielle ou morale. Si c'est un décret législatif qui oblige les gens à s'en aller en Australie extraire les lingots. S'il y a un décret qui fixe les lois d'escompte des lingots et qui règle la nature de la couverture. Si, sur tant de lingots, il y a prescription d'en monnayer tant. Je voudrais qu'on décide si l'arithmétique et les artichauts sont susceptibles de donner par distinction fixe et par rapport direct le 5, le 6, le 7 et le 10 p. 100.

Si l'on ne peut m'édifier, je ne veux ni ne peux me moquer de la loi ; c'est une personne qui ressemble à ces bonnes femmes pour lesquelles nous sommes pleins de respect en dépit de leur accoutrement qui excite parfois notre rire ou notre stupéfaction. Je ne vais pas conseiller la désobéissance à la loi de M. Laroze, au contraire, je voudrais, pour la logique de son amendement, qu'il l'amendât d'une proposition tendant à obliger les gens à prêter leur argent. Et je crois l'occasion très opportune de présenter à M Laroze la proposition personnelle suivante :

Je suis propriétaire d'une très grande idée, dont j'ai le titre civil, par la publication littéraire, depuis plusieurs années. Il me faudrait un million pour vulgariser cette idée dont la Chambre se soucie très peu jusqu'à présent, mais que je juge excellente pour le public.

J'ai la foi la plus entière que les paysans comprendraient très bien mon idée, et je suis sûr de leur rendre un service considérable. M. Laroze veut-il me prêter un million à 5 p. 100 ?

Je le préviens que je compte dépenser l'argent jusqu'au dernier centime, et que je n'ai rien à lui donner en garantie ; que je suis dans l'incapacité la plus complète d'en payer le moindre intérêt et de rembourser le capital.

M. Laroze va me prendre pour un homme bien naïf ; n'importe, je lui parie qu'il est plus que moi partisan de la liberté complète du prêt et de l'intérêt.

Qu'il réponde seulement à ma proposition. Nous la discuterons, s'il le veut, dans les colonnes d'un grand journal s'il en a un à sa dévotion, et certainement cela ne lui manque pas.

C'est une bien singulière loi, je le répète, que M. Laroze aura fait voter. Elle ressemble à cette grande figure, la *Justice*, qu'on symbolise ainsi : un femme couvrant un·texte — la loi — et tenant un glaive. Ce qui peut signifier pour le peuple : d'une main je te protège et je te poignarde de l'autre.

E.-J.-F. PROUX.

B^x, le 16 mars 1882.

NOUVELLES DE LA CONFÉRENCE MONÉTAIRE

INTERNATIONALE

—

Dans ma dernière brochure : *Question d'impôt, question de monnaie* (1), où j'ai commenté les travaux de la conférence, j'annonçais que l'ajournement de la conférence monétaire internationale devait aller jusqu'en avril 1882.

Ce mois des floraisons est arrivé. Neuf mois de sage conception se sont écoulés. La gestation achève son œuvre, et vient à terme aux calendes

---

(1) Deuxième de mes tableaux pour la Chambre, avant la présente publication.

prévues par les créateurs d'une solution qui va enfin voir le jour.

Le *Journal des Comptoirs*, de Bordeaux, nous annonce ainsi son avénement :

« La conférence monétaire, qui n'a pu, l'année
» dernière, arriver à aucun résultat, va repren-
» dre ses séances, à Paris, le 12 avril prochain.

» Afin de faciliter une entente, et de hâter, s'il
» est possible, les travaux de cette conférence, des
» négociations diplomatiques viennent d'être repri-
» ses entre les nations intéressées.

» Une proposition a été faite par le gouverne-
» ment grec, d'après laquelle l'augmentation de la
» valeur métallique serait proportionnée à l'accrois-
» sement des populations.

» Cette proposition a été favorablement accueillie
» par les gouvernements français, italien et espa-
» gnol.

» Les membres du Congrès sont attendus à Paris. »

Voilà qui va marcher maintenant, ayons-en l'espoir, comme sur des roulettes perfectionnées dans la forme carrée. J'en suis bien aise et tout le monde le sera aussi ; attendu que de *l'augmenta-tion de la valeur métallique proportionnée à l'accrois-sement de la population,* il y a tout lieu d'espérer que chacun en recevra sa part. Bonne aubaine ! Jean François qui a trois enfants n'en sera pas contrarié, ni mon frère Auguste-Pierre Proux, qui en est avec sa femme, à son quatrième rejeton.

Mais, tandis qu'on y sera, pourquoi ne décréte-rait-on pas aussi la distribution de l'augmentation en raison du minimum des besoins et même de leur accroissement. Voilà qui serait beau à voir, au cirque.

Cependant une réflexion refroidit mon enthou-siasme ; je me dis : l'argent ne pouvant primer l'or, au gré de quelques particuliers, est-il naturel que ces particuliers offrent à nos gouvernements de faire monnayer leurs titres pour nous gratifier d'un présent généreux à raison de tant par tête?

S'il est vrai que la chose soit possible, les mœurs se sont donc considérablement adoucies ; nous aurions touché la terre promise ; je me refuse encore à y croire, mais comme le fait est des plus intéres-sants, j'émets une idée et une conviction :

La postérité reconnaissante offrira une page dans l'histoire au professeur de comptabilité normale qui résoudra cette proposition :

— Les voies naturelles de l'émission monétaire de l'argent étant interceptées par des causes majeures indépendantes du caprice des gouvernements, trouver l'opération politique qui puisse procurer aux propriétaires de mines argentifères, et aux détenteurs de lingots ou de numéraire en argent les moyens de négocier avantageusement leurs fonds. Etablir l'opération et la prouver régulière au point de vue normal par débit et crédit publics. —

Les candidats à ce concours que j'ouvre, avec l'engagement de publier le résultat, recevront tous des exemplaires de mes modestes ouvrages, en échange de leurs communications qui seront toutes analysées et commentées dans le recueil ; excepté celles qui se présenteraient sous la forme de « fumisteries », dont il serait, néanmoins, fait mention.

Ici, il n'y a pas de supercherie scientifique, nul *truchement* au service de cabinets occultes ; je tiendrai ce que je viens de promettre, et m'en réjouis d'avance.

Car, cette prochaine distribution de pièces de cent sous, que le peuple désigne sous le nom de « roues de charrette », va, certainement, et le concours le prouvera, je l'espère, me permettre de régler mes affaires personnelles, de liquider heureusement tous mes comptes, et me facilitera les moyens d'émettre, après tout le monde, mes derniers aphorismes sur la Monnaie qui seront bons ou mauvais ; c'est ce que l'on verra plus tard.

L'annonce de la conférence éveille mes souvenirs.

Dans cette entente entre gouvernements pour arriver à un résultat qui, personnellement, me ravirait, je vois figurer l'Italie ; l'Italie pour laquelle mon pauvre camarade de combat, Lerendu, fut tué à Ponte Vecchio di Magenta, comme notre ami Blancheteau et mon compagnon Garnier furent tués ensuite à Solférino. Je saisis cette occasion d'élever à ces héros obscurs ce monument de ma piété fraternelle.

L'Italie se souvient. Elle veut contribuer à faire

notre bonheur et le sien. Evviva l'Italia ! Dans ces conditions nous ne nous battrons pas.

Reste aux économistes à prouver le résultat de l'opération projetée.

AU JOURNAL *LA PRESSE*

Je tiens à exprimer ici ma gratitude au journal *la Presse*, pour la publication actuelle de mon système de Monnaie-taxe, publication qui prend place à la suite d'un immense travail sur la réforme fiscale, particulièrement étudiée à l'égard des contributions indirectes dans les colonnes de ce journal et sous la direction très compétente et très impartiale de son rédacteur spécial, l'honorable M. E.-L. Sernet, qui me permettra de résumer à mon tour les articles importants et considérables dans lesquels il a renfermé tous les matériaux, tous les documents propres à éclairer la question et à décider la Chambre. Ce sera fait prochainement.

Quelques politiciens en bas âge se figurent que l'impôt n'est qu'une question de mœurs, quand les vrais politiques l'envisagent comme un problème. Ces politiciens ont l'esprit de recul, non de progrès. Quant à l'orthodoxie filandreuse qui les inspire, cette bravache qui ne triomphe que de compères, cette ennemie de toute idée indépendante qui n'échoit pas au profit de son orgueil et de son faux libéralisme, elle rumine avec ses docteurs ; elle se tâte, elle a peur de combattre.

En attendant qu'elle se décide à venir sur le terrain, je poursuis mes travaux.

Le fascicule 0 fr. 75 c.

Pour recevoir la série au fur et à mesure des tirages, 7 fr. 50 c. pour les fascicules des premiers six mois, ou 15 fr. pour l'année entière.

Le dernier fascicule de l'année contiendra une table des matières.

M'adresser les demandes, à Paris, 11, rue Vauvilliers; à Bordeaux, 2, rue des Tilleuls.

Imp. Durand, rue Vital-Carles, 24, Bordeaux.